처음책방 필사책_3

윤동주 따라쓰기

윤동주 지음
김기태 엮음

처음
책방

지은이 윤동주

윤동주(尹東柱, 1917.12.30.~1945.2.16.)는 일제강점기의 시인이자 독립운동가입니다. 본관은 파평(坡平), 아호는 해환(海煥)이고요. 중학생 시절부터 시를 썼고, 연희전문 문과를 졸업한 뒤 1942년 일본으로 가서 릿쿄대학 영문과에 입학했다가 그 해 도시샤대학 영문과로 전학했습니다. 1941년 시집 『하늘과 바람과 별과 시』를 발간하려다 실패했으며, 1943년 귀향 직전 항일운동 혐의로 일본 경찰에 붙잡혀서 2년형을 선고받은 뒤 광복을 앞두고 28세의 나이로 형무소에서 생을 마쳤습니다. 광복 후 다른 유고(遺稿)와 함께 『하늘과 바람과 별과 시』라는 제목으로 시집이 발행되었습니다. 유해는 고향인 용정(龍井)에 묻혔고, 1968년 모교인 연세대학교 교정에 윤동주 시비가 세워졌습니다.

엮은이 김기태

초판본·창간호 전문서점 및 출판사 [처음책방] 대표
세명대학교 미디어콘텐츠창작학과 교수

처음책방 따라쓰기_3

윤동주 따라쓰기

2025년 3월 1일 초판 1쇄 발행

지은이·윤동주   엮은이 겸 펴낸이·김기태   디자인·안혜선   제작/유통·조전회
펴낸곳·처음책방   신고번호·제407-2024-000007
주소·[17407] 경기도 이천시 진상미로 1523번길 42   전화·070-4141-5566
블로그·blog.naver.com/firstbook2024   인스타그램·instagram.com/1ststudiolo
유튜브·youtube.com/@처음책방   이메일·fbi2024@naver.com
ISBN·979-11-991148-2-1 (03810)

좋은 작품을 읽고 따라 쓰는 일의 즐거움

좋은 작품을 읽는다는 것은 세상의 가장 위대한 사람과 대화를 나누는 일이며,
그것을 따라 쓰는 일은 그 위대한 사람의 마음에 내 마음을 보태는 것입니다.
좋은 작품을 읽고 따라 쓰는 일의 즐거움을 그대에게 선사합니다.

이 책을
_____ 님께 드립니다.

윤동주 따라쓰기
차례

서시(序詩) · 6
자화상 · 8
소년 · 10
눈오는 지도(地圖) · 12
돌아와 보는 밤 · 14
병원 · 16
새로운 길 · 18
간판 없는 거리 · 20
태초의 아침 · 22
또 태초의 아침 · 24
새벽이 올 때까지 · 26
무서운 시간 · 28
십자가 · 30
바람이 불어 · 32
슬픈 족속(族屬) · 34
눈감고 간다 · 36
또 다른 고향 · 38
길 · 40
별 헤는 밤 · 42
초 한 대 · 46
삶과 죽음 · 48
거리에서 · 50
창공(蒼空) · 52
조개 껍질 · 54
참새 · 56

비둘기 · 58
황혼(黃昏) · 60
이별 · 62
종달새 · 64
닭 · 66
산상(山上) · 68
오후의 구장(球場) · 70
산림(山林) · 72
호주머니 · 74
양지(陽地) 쪽 · 76
꿈은 깨어지고 · 78
곡간(谷間) · 80
햇비 · 82
빗자루 · 84
비행기 · 86
무얼 먹고 사나 · 88
굴뚝 · 90
눈 · 92
오줌싸개 지도 · 94
버선본 · 96
편지 · 98
기왓장 내외 · 100
황혼이 바다가 되어 · 102
밤 · 104
달밤 · 106

그 여자 · 108
풍경(風景) · 110
장(場) · 112
소낙비 · 114
비애(悲哀) · 116
명상 · 118
바다 · 120
비로봉(毘盧峰) · 122
창(窓) · 124
반딧불 · 126
산울림 · 128
거짓부리 · 130
비오는 밤 · 132
이적(異蹟) · 134
사랑의 전당 · 136
아우의 인상화(印象畫) · 138

코스모스 · 140
고추밭 · 142
햇빛 · 바람 · 144
애기의 새벽 · 146
해바라기 얼굴 · 148
귀뚜라미와 나와 · 150
산골물 · 152
팔복(八福) · 154
간(肝) · 156
참회록 · 158
사랑스런 추억 · 160
흐르는 거리 · 162

■ 김기태의 초판본 이야기
죽는 날까지 하늘을 우러러 한 점
부끄럼 없었던 시인, 윤동주 · 164

일러두기

- 여기 수록된 작품들은 그동안 세상에 알려진 윤동주의 모든 시라고 할 수 있으며, 별도의 명확한 기준 없이 작품 발표 시기와 작품의 유사성 등을 고려해 배열했습니다.
- 표기법은 최초 발표 당시의 원문을 지키되 원문을 해치지 않는 정도에서 현대 표기로 바꾸기도 했습니다. 다만, 그 뜻이 분명하지 않은 경우에는 원문 그대로 표기했습니다.
- 정확한 뜻을 전달하기 위해 간혹 한자(漢字)를 괄호 안에 넣었으며, 띄어쓰기와 외래어 표기는 현재의 표준어 규정을 따랐습니다.
- 표지는 1948년 정음사 발행 『하늘과 바람과 별과 시』를 바탕으로 디자인했습니다.

서시(序詩)

죽는 날까지 하늘을 우러러
한 점 부끄럼이 없기를,
잎새에 이는 바람에도
나는 괴로워했다.
별을 노래하는 마음으로
모든 죽어가는 것을 사랑해야지
그리고 나한테 주어진 길을
걸어가야겠다.

오늘 밤에도 별이 바람에 스치운다.

자화상(自畵像)

산모퉁이를 돌아 논가 외딴 우물을 홀로 찾아가선 가만히 들여다봅니다.

우물 속에는 달이 밝고 구름이 흐르고 하늘이 펼치고 파아란 바람이 불고 가을이 있습니다.

그리고 한 사나이가 있습니다.
어쩐지 그 사나이가 미워져 돌아갑니다.

돌아가다 생각하니 그 사나이가 가엾어집니다.
도로 가 들여다보니 사나이는 그대로 있습니다.

다시 그 사나이가 미워져 돌아갑니다.
돌아가다 생각하니 그 사나이가 그리워집니다.

우물 속에는 달이 밝고 구름이 흐르고 하늘이 펼치고 파아란 바람이 불고 가을이 있고 추억처럼 사나이가 있습니다.

: 필사기록   년   월   일

소년(少年)

여기저기서 단풍잎 같은 슬픈 가을이 뚝뚝 떨어진다.
단풍잎 떨어져 나온 자리마다 봄을 마련해 놓고 나뭇가지 우에 하늘이 펼쳐 있다. 가만히 하늘을 들여다보려면 눈썹에 파란 물감이 든다. 두 손으로 따뜻한 볼을 쓸어보면 손바닥에도 파란 물감이 묻어난다. 다시 손바닥을 들여다본다. 손금에는 맑은 강물이 흐르고, 맑은 강물이 흐르고, 강물 속에는 사랑처럼 슬픈 얼굴— 아름다운 순이(順伊)의 얼굴이 어린다. 소년은 황홀히 눈을 감아 본다. 그래도 맑은 강물은 흘러 사랑처럼 슬픈 얼굴— 아름다운 순이의 얼굴은 어린다.

눈오는 지도(地圖)

순이가 떠난다는 아침에 말 못할 마음으로 함박눈이 내려, 슬픈 것처럼 창밖에 아득히 깔린 지도 위에 덮인다.
방 안을 돌아다 보아야 아무도 없다. 벽과 천장이 하얗다. 방 안에까지 눈이 내리는 것일까, 정말 너는 잃어버린 역사처럼 홀홀이 가는 것이냐. 떠나기 전에 일러둘 말이 있던 것을 편지로 썼어도 네가 가는 곳을 몰라 어느 거리, 어느 마을, 어느 지붕 밑, 너는 내 마음 속에만 남아 있는 것이냐. 네 쪼그만 발자욱을 눈이 자꾸 내려 덮어 따라갈 수도 없다. 눈이 녹으면 남은 발자욱 자리마다 꽃이 피리니 꽃 사이로 발자욱을 찾아 나서면 일년 열두달 하냥 내 마음에는 눈이 내리리라.

돌아와 보는 밤

세상으로부터 돌아오듯이 이제 내 좁은 방에 돌아와 불을 끄옵니다. 불을 켜 두는 것은 너무나 피로롭은 일이옵니다. 그것은 낮의 연장이옵기에———

이제 창을 열어 공기를 바꾸어 들여야 할 텐데 밖을 가만히 내다보아야 방 안과 같이 어두워 꼭 세상 같은데 비를 맞고 오던 길이 그대로 빗속에 젖어 있사옵니다.

하루의 울분을 씻을 바 없어 가만히 눈을 감으면 마음 속으로 흐르는 소리, 이제 사상이 능금처럼 저절로 익어 가옵니다.

병원(病院)

살구나무 그늘로 얼굴을 가리고, 병원 뒤뜰에 누워, 젊은 여자가 흰옷 아래로 하얀 다리를 드러내 놓고 일광욕을 한다. 한나절이 기울도록 가슴을 앓는다는 이 여자를 찾아오는 이, 나비 한 마리도 없다. 슬프지도 않은 살구나무 가지에는 바람조차 없다.

나도 모를 아픔을 오래 참다 처음으로 이곳에 찾아왔다. 그러나 나의 늙은 의사는 젊은이의 병을 모른다. 나한테는 병이 없다고 한다. 이 지나친 시련, 이 지나친 피로, 나는 성내서는 안 된다.

여자는 자리에서 일어나 옷깃을 여미고 화단에서 금잔화 한 포기를 따 가슴에 꽂고 병실 안으로 사라진다. 나는 그 여자의 건강이…… 아니 내 건강도 속히 회복되기를 바라며 그가 누웠던 자리에 누워 본다.

새로운 길

내를 건너서 숲으로
고개를 넘어서 마을로

어제도 가고 오늘도 갈
나의 길 새로운 길

민들레가 피고 까치가 날고
아가씨가 지나고 바람이 일고

나의 길은 언제나 새로운 길
오늘도…… 내일도……

내를 건너서 숲으로
고개를 넘어서 마을로

간판(看板) 없는 거리

정거장 플랫폼에
내렸을 때 아무도 없어,

다들 손님들뿐,
손님 같은 사람들뿐,

집집마다 간판이 없어
집 찾을 근심이 없어

빨갛게 파랗게
불 붙는 문자도 없이

모퉁이마다
자애로운 흰 와사등에 불을 켜놓고,

손목을 잡으면 다들, 어진 사람들
다들, 어진 사람들

봄, 여름, 가을, 겨울,
순서로 돌아들고.

태초(太初)의 아침

봄날 아침도 아니고
여름, 가을, 겨울,
그런 날 아침도 아닌 아침에

빠알간 꽃이 피어났네,
햇빛이 푸른데,

그 전날 밤에
그 전날 밤에
모든 것이 마련되었네,

사랑은 뱀과 함께
독(毒)은 어린 꽃과 함께.

또 태초(太初)의 아침

하얗게 눈이 덮이었고
전신주가 잉잉 울어
하나님 말씀이 들려온다.

무슨 계시일까.

빨리
봄이 오면
죄를 짓고
눈이
밝아

이브가 해산하는 수고를 다하면

무화과 잎사귀로 부끄런 데를 가리고
나는 이마에 땀을 흘려야겠다.

새벽이 올 때까지

다들 죽어가는 사람들에게
검은 옷을 입히시오.

다들 살아가는 사람들에게
흰 옷을 입히시오.

그리고 한 침대에
가지런히 잠을 재우시오.

다들 울거들랑
젖을 먹이시오.

이제 새벽이 오면
나팔 소리 들려올 게외다.

무서운 시간(時間)

거 나를 부르는 것이 누구요.

가랑잎 이파리 푸르러 나오는 그늘인데, 나 아직 여기 호흡이 남아 있소.

한 번도 손들어 보지 못한 나를
손들어 표할 하늘도 없는 나를

어디에 내 한 몸 둘 하늘이 있어
나를 부르는 것이오.

일을 마치고 내 죽는 날 아침에는
서럽지도 않은 가랑잎이 떨어질 텐데……
나를 부르지 마오.

십자가(十字架)

쫓아오던 햇빛인데
지금 교회당 꼭대기
십자가에 걸리었습니다.

첨탑이 저렇게도 높은데
어떻게 올라갈 수 있을까요.

종소리도 들려오지 않는데
휘파람이나 불며 서성이다가,

괴로웠던 사나이,
행복한 예수 그리스도에게처럼
십자가가 허락된다면

모가지를 드리우고
꽃처럼 피어나는 피를
어두워 가는 하늘 밑에
조용히 흘리겠습니다.

바람이 불어

바람이 어디로부터 불어와
어디로 불려 가는 것일까.

바람이 부는데
내 괴로움에는 이유가 없다.

내 괴로움에는 이유가 없을까.

단 한 여자를 사랑한 일도 없다.
시대를 슬퍼한 일도 없다.

바람이 자꾸 부는데
내 발이 반석 위에 섰다.

강물이 자꾸 흐르는데
내 발이 언덕 위에 섰다.

슬픈 족속(族屬)

흰 수건이 검은 머리를 두르고
흰 고무신이 거친 발에 걸리우다.

흰 저고리 처마가 슬픈 몸집을 가리고 흰 띠가 가는 허리를 질끈 동이다.

눈감고 간다

태양을 사모하는 아이들아
별을 사랑하는 아이들아

밤이 어두웠는데
눈감고 가거라.

가진 바 씨앗을
뿌리면서 가거라.

발부리에 돌이 채이거든
감았던 눈을 와짝 떠라.

또 다른 고향(故鄕)

고향에 돌아온 날 밤에
내 백골이 따라와 한방에 누웠다.
어둔 방은 우주로 통하고
하늘에선가 소리처럼 바람이 불어온다.

어둠 속에서 곱게 풍화작용하는
백골을 들여다보며
눈물짓는 것이 내가 우는 것이냐
백골이 우는 것이냐
아름다운 혼이 우는 것이냐.

지조 높은 개는
밤을 새워 어둠을 짖는다.
어둠을 짖는 개는
나를 쫓는 것일 게다.

가자 가자
쫓기우는 사람처럼 가자
백골 몰래
아름다운 또 다른 고향에 가자.

길

잃어 버렸습니다.
무얼 어디다 잃었는지 몰라
두 손이 주머니를 더듬어
길에 나아갑니다.

돌과 돌과 돌이 끝없이 연달아
깊은 돌담을 끼고 갑니다.

담은 쇠문을 굳게 닫아
길 위에 긴 그림자를 드리우고

길은 아침에서 저녁으로
저녁에서 아침으로 통했습니다.

돌담을 더듬어 눈물짓다.
쳐다보면 하늘은 부끄럽게 푸릅니다.

풀 한 포기 없는 이 길을 걷는 것은 담 저쪽에 내가 남아 있는 까닭이고,
내가 사는 것은 다만, 잃은 것을 찾는 까닭입니다.

별 헤는 밤

계절이 지나가는 하늘에는
가을로 가득 차 있습니다.

나는 아무 걱정도 없이
가을 속의 별들을 다 헤일 듯합니다.

가슴 속에 하나둘 새겨지는 별을
이제 다 못 헤는 것은
쉬이 아침이 오는 까닭이요,
내일 밤이 남은 까닭이요,
아직 나의 청춘이 다하지 않은 까닭입니다.

별 하나에 추억과
별 하나에 사랑과
별 하나에 쓸쓸함과
별 하나에 동경과
별 하나에 시와
별 하나에 어머니, 어머니,

어머님, 나는 별 하나에 아름다운 말 한마디씩 불러봅니다.
소학교 때 책상을 같이 했던 아이들의 이름과, 패, 경, 옥 이런 이국 소녀들의 이름과, 벌써 애기 어머니 된 계집애들의 이름과, 가난한 이웃 사람들의 이름과, 비둘기, 강아지, 토끼, 노새, 노루, 프랑시스 잠, 라이너 마리아 릴케, 이런 시인의 이름을 불러 봅니다.

이네들은 너무나 멀리 있습니다.
별이 아슬히 멀듯이,
어머님, 그리고 당신은 멀리 북간도에 계십니다.

나는 무엇인지 그리워 이 많은 별빛이 나린 언덕 위에
내 이름자를 써 보고, 흙으로 덮어 버리었습니다.

딴은 밤을 새워 우는 벌레는
부끄러운 이름을 슬퍼하는 까닭입니다.

그러나 겨울이 지나고 나의 별에도 봄이 오면
무덤 위에 파란 잔디가 피어나듯이
내 이름자 묻힌 언덕 위에도
자랑처럼 풀이 무성할 게외다.

: 필사기록 　　　년　　　월　　　일

초 한 대

초 한 대—
내 방에 품긴 향내를 맡는다.

광명의 제단이 무너지기 전
나는 깨끗한 제물을 보았다.

염소의 갈비뼈 같은 그의 몸,
그의 생명인 심지까지
백옥 같은 눈물과 피를 흘려
불살라버린다.

그리고도 책상머리에 아롱거리며
선녀처럼 촛불은 춤을 춘다.

매를 본 꿩이 도망하듯이
암흑이 창구멍으로 도망한
나의 방에 품긴
제물의 위대한 향내를 맛보노라.

삶과 죽음

삶은 오늘도 죽음의 서곡을 노래하였다.
이 노래가 언제나 끝나랴.

세상 사람은……
뼈를 녹여내는 듯한 삶의 노래에
춤을 춘다.
사람들은 해가 넘어가기 전
이 노래 끝의 공포를
생각할 사이가 없었다.

하늘 복판에 알 새기듯이
이 노래를 부른 자가 누구뇨.

그리고 소낙비 그친 뒤같이도
이 노래를 그친 자가 누구뇨.

죽고 뼈만 남은
죽음의 승리자 위인(偉人)들!

거리에서

달밤의 거리
광풍(狂風)이 휘날리는
북국(北國)의 거리
도시의 진주(珍珠)
전등(電燈) 밑을 헤엄치는
조그만 인어(人魚) 나,
달과 전등에 비쳐
한 몸에 둘 셋의 그림자
커졌다 작아졌다.

괴롬의 거리
회색빛 밤거리를
걷고 있는 이 마음
선풍(旋風)이 일고 있네.
외로우면서도
한 갈피 두 갈피
피어나는 마음의 그림자,
푸른 공상(空想)이
높아졌다 낮아졌다.

창공(蒼空)

그 여름날
열정의 포플러는
오려는 창공의 푸른 젖가슴을
어루만지려
팔을 펼쳐 흔들거렸다.
끓는 태양 그늘 좁다란 지점에서

천막 같은 하늘 밑에서
떠들던 소나기
그리고 번개를,
춤추던 구름은 이끌고
남방(南方)으로 도망하고,
높다랗게 창공은 한 폭으로
가지 위에 퍼지고
둥근달과 기러기를 불러왔다.

푸르른 어린 마음이 이상(理想)에 타고,
그의 동경(憧憬)의 날 가을에
조락(凋落)의 눈물을 비웃다.

조개 껍질

아롱아롱 조개껍데기
울 언니 바닷가에서
주워온 조개껍데기

여긴여긴 북쪽나라요
조개는 귀여운 선물
장난감 조개껍데기

데굴데굴 굴리며 놀다
짝 잃은 조개껍데기
한 짝을 그리워하네

아롱아롱 조개껍데기
나처럼 그리워하네
물소리 바닷물소리

참새

가을 지난 마당은 하이얀 종이
참새들이 글씨를 공부하지요.

째액째액 입으로 받아 읽으며
두 발로는 글씨를 연습하지요.

하루종일 글씨를 공부하여도
쨱 자 한 자밖에는 더 못 쓰는 걸.

비둘기

안아보고 싶게 귀여운
산비둘기 일곱 마리
하늘 끝까지 보일 듯이 맑은 공일날 아침에
벼를 거두어 빤빤한 논에
앞을 다투어 모이를 주우며
어려운 이야기를 주고 받으오.

날씬한 두 나래로 조용한 공기를 흔들어
두 마리가 나오.
집에 새끼 생각이 나는 모양이오.

황혼(黃昏)

햇살은 미닫이 틈으로
길쭉한 일자(一字)를 쓰고…… 지우고……
까마귀떼 지붕 우으로
둘, 둘, 셋, 넷, 자꾸 날아 지난다.
쑥쑥, 꿈틀꿈틀 북쪽 하늘로,

내사……
북쪽 하늘에 나래를 펴고 싶다.

이별(離別)

눈이 오다 물이 되는 날
잿빛 하늘에 또 뿌연내, 그리고
크다란 기관차는 빼—액— 울며,
조그만 가슴은 울렁거린다.

이별이 너무 재빠르다, 안타깝게도,
사랑하는 사람을,
일터에서 만나자 하고———
더운 손의 맛과 구슬 눈물이 마르기 전
기차는 꼬리를 산굽으로 돌렸다.

종달새

종달새는 이른 봄날
질디진 거리의 뒷골목이
싫더라.
명랑한 봄하늘,
가벼운 두 나래를 펴서
요염한 봄노래가
좋더라,
그러나,
오늘도 구멍 뚫린 구두를 끌고,
홀렁홀렁 뒷거리길로
고기새끼 같은 나는 헤매나니,
나래와 노래가 없음인가
가슴이 답답하구나.

닭

한 간(間) 계사(鷄舍) 그 너머 창공이 깃들어
자유의 향토를 잊은 닭들이
시들은 생활을 주잘대고
생산의 고로(苦勞)를 부르짖었다.

음산한 계사에서 쏠려나온
외래종 레구홍,
학원에서 새 무리가 밀려나오는
삼월의 맑은 오후도 있다.

닭들은 녹아드는 두엄을 파기에
아담한 두 다리가 분주하고
굶주렸던 주두리가 바즈런하다.
두 눈이 붉게 여물도록……

산상(山上)

거리가 바둑판처럼 보이고,
강물이 배암의 새끼처럼 기는
산 위에까지 왔다.
아직쯤은 사람들이
바둑돌처럼 버려 있으리라.

한나절의 태양이
함석지붕에만 비치고,
굼벵이 걸음을 하는 기차가
정거장에 섰다가 검은 내를 토하고
또 걸음발을 탄다.

텐트 같은 하늘이 무너져
이 거리 덮을까 궁금하면서
좀더 높은 데로 올라가고 싶다.

오후(午後)의 구장(球場)

늦은 봄, 기다리던 토요일날
오후 세시 반의 경성행 열차는
석탄 연기를 자욱히 품기고
지나가고

한몸을 끄을기에 강하던
공이 자력을 잃고
한 모금의 물이
불붙는 목을 축이기에
넉넉하다.
젊은 가슴의 피 순환이 잦고,
두 철각(鐵脚)이 늘어진다.

검은 기차 연기와 함께
푸른 산이
아지랑이 저쪽으로
가라앉는다.

산림(山林)

시계가 자근자근 가슴을 따려
불안한 마음을 산림이 부른다.

천년 오래인 연륜에 짜들은 유암(幽暗)한 산림이
고달픈 한 몸을 포옹(抱擁)할 인연을 가졌나 보다.

산림의 검은 파동 우으로부터
어둠은 어린 가슴을 짓밟고

이파리를 흔드는 저녁바람이
솨— 공포에 떨게 한다.

멀리 첫여름의 개구리 재잘댐에
흘러간 마을의 과거는 아찔타.

나무 틈으로 반짝이는 별만이
새날의 희망으로 나를 이끈다.

호주머니

넣을 것 없어
걱정이던
호주머니는

겨울만 되면
주먹 두 개 갑북갑북

양지(陽地) 쪽

저쪽으로 황토 실은 이 땅 봄바람이
호인(胡人)의 물레바퀴처럼 돌아 지나고
아롱진 사월 태양의 손길이
벽을 등진 섧은 가슴마다 올올이 만진다.

지도째기 놀음에 뉘 땅인 줄 모르는 애 둘이
한 뼘 손가락이 짧음을 한(恨)함이여
아서라! 가뜩이나 엷은 평화가
깨어질까 근심스럽다.

: 필사기록　　　년　　월　　일

꿈은 깨어지고

꿈은 눈을 떴다
그윽한 유무(幽霧)에서.

노래하는 종다리
도망쳐 날아나고,

지난날 봄타령하던
금잔디밭은 아니다.

탑은 무너졌다,
붉은 마음의 탑이—

손톱으로 새긴 대리석탑이—
하루 저녁 폭풍에 여지없이도,

오오 황폐의 쑥밭,
눈물과 목메임이여!

꿈은 깨어졌다.
탑은 무너졌다.

곡간(谷間)

산들이 두 줄로 줄달음질치고
여울이 소리쳐 목이 잦았다.
한여름의 햇님이 구름을 타고
이 골짜기를 빠르게도 건너려 한다.

산등허리에 송아지뿔처럼
울뚝불뚝히 어린 바위가 솟고,
얼룩소의 보드라운 털이
산등성이에 퍼―렇게 자랐다.

3년 만에 고향에 찾아드는
산골 나그네의 발걸음이
타박타박 땅을 고눈다.
벌거숭이 두루미 다리같이……

헌신짝이 지팡이 끝에
모가지를 매달아 늘어지고,
까치가 새끼의 날발을 태우며 날 뿐,
골짝은 나그네의 마음처럼 고요하다.

: 필사기록 　　년　　월　　일

햇비

아씨처럼 나린다
보슬보슬 햇비
맞아주자 다 같이
옥수숫대처럼 크게
닷자 엿자 자라게
햇님이 웃는다
나보고 웃는다

하늘다리 놓였다
알롱알롱 무지개
노래하자 즐겁게
동무들아 이리 오너라
다 같이 춤을 추자
햇님이 웃는다
즐거워 웃는다

빗자루

요오리조리 베면 저고리 되고
이이렇게 베면 큰 총 되지.
누나하고 나하고
가위로 종이 쏠았더니
어머니가 빗자루 들고
누나 하나 나 하나
엉덩이를 때렸소
방바닥이 어지럽다고———

아아니 아니
고놈의 빗자루가
방바닥 쓸기 싫으니
그랬지 그랬어
괘씸하여 벽장 속에 감췄더니
이튿날 아침 빗자루가 없다고
어머니가 야단이지요.

비행기

머리에 프로펠러가
연잣간 풍차보다
더— 빨리 돈다

땅에서 오를 때보다
하늘에 높이 떠서는 빠르지 못하다
숨결이 찬 모양이야

비행기는———
새처럼 나래를
펄럭거리지 못한다
그리고 늘———
소리를 지른다
숨이 찬가 봐

무얼 먹고 사나

바닷가 사람
물고기 잡아먹고 살고

산골엣 사람
감자 구워먹고 살고

별나라 사람
무얼 먹고 사나

굴뚝

산골짜기 오막살이 낮은 굴뚝엔
몽기몽기 어인 연기 대낮에 솟나

감자를 굽는 게지 총각애들이
깜박깜박 검은 눈이 모여 앉아서
입술에 꺼멓게 숯을 바르고
옛이야기 한 커리에 감자 하나씩

산골짜기 오막살이 낮은 굴뚝엔
살랑살랑 솟아나네 감자 굽는 내

눈

지난밤에
눈이 소오복히 왔네

지붕이랑
길이랑 밭이랑
추워한다고
덮어주는 이불인가 봐

그러기에
추운 겨울에만 내리지

오줌싸개 지도

빨래 줄에 걸어 논
요에다 그린 지도
지난밤에 내 동생
오줌싸 그린 지도

꿈에 가본 엄마 계신
별나라 지돈가?
돈 벌러 간 아빠 계신
만주땅 지돈가?

: 필사기록   년   월   일

버선본

어머니
누나 쓰다 버린 습자지는
두었다간 뭣에 쓰나요?

그런 줄 몰랐더니
습자지에다 내 버선 놓고
가위로 오려
버선본 만드는 걸.

어머니
내가 쓰다 버린 몽당연필은
두었다간 뭣에 쓰나요?

그런 줄 몰랐더니
천 위에다 버선본 놓고
침 발라 점을 찍곤
내 버선 만드는 걸.

편지

누나!
이 겨울에도
눈이 가득히 왔습니다.

흰 봉투에
눈을 한 줌 넣고
글씨도 쓰지 말고
우표도 붙이지 말고
말쑥하게 그대로
편지를 부칠까요?

누나 가신 나라엔
눈이 아니 온다기에.

: 필사기록   년   월   일

기왓장 내외

비오는 날 저녁에 기왓장 내외
잃어버린 외아들 생각나선지
꼬부라진 잔등을 어루만지며
쭈룩쭈룩 구슬피 울음웁니다.

대궐지붕 위에서 기왓장 내외
아름답던 옛날이 그리워선지
주름잡힌 얼굴을 어루만지며
물끄러미 하늘만 쳐다봅니다.

황혼(黃昏)이 바다가 되어

하루도 검푸른 물결에
흐느적 잠기고…… 감기고……

저— 웬 검은 고기떼가
물든 바다를 날아 횡단할꼬.

낙엽이 된 해초
해초마다 슬프기도 하오.

서창(西窓)에 걸린 해말간 풍경화
옷고름 너어는 고아의 설움.

이제 첫 항해하는 마음을 먹고
방바닥에 나뒹구오…… 뒹구오……

황혼이 바다가 되어
오늘도 수많은 배가
나와 함께 이 물결에 잠겼을게요.

밤

외양간 당나귀
아―ㅇ 외마디 울음 울고

당나귀 소리에
으―아아 애기 소스라쳐 깨고,

등잔에 불을 다오.

아버지는 당나귀에게
짚을 한 키 담아 주고,

어머니는 애기에게
젖을 한 모금 먹이고,

밤은 다시 고요히 잠드오.

달밤

흐르는 달의 흰 물결을 밀쳐
여윈 나무그림자를 밟으며
북망산을 향한 발걸음은 무거웁고
고독을 반거(伴倨)한 마음은 슬프기도 하다.

누가 있어만 싶은 묘지엔 아무도 없고,
정적(靜寂)만이 군데군데 흰 물결이 폭 젖었다.

그 여자(女子)

함께 핀 꽃에 처음 익은 능금은
먼저 떨어졌습니다.

오늘도 가을바람은 그냥 붑니다.

길가에 떨어진 붉은 능금은
지나는 손님이 집어갔습니다.

풍경(風景)

봄바람을 등진 초록빛 바다
쏟아질 듯 쏟아질 듯 위태롭다.

잔주름 치마폭의 두둥실거리는 물결은,
오스라질 듯 한껏 경쾌롭다.

마스트 끝에 붉은 깃발이
여인의 머리칼처럼 나부낀다.
*
이 생생한 풍경을 앞세우며 뒤세우며
왼 하루 거닐고 싶다.

─── 우중충한 오월 하늘 아래로,
─── 바닷빛 포기포기에 수놓은 언덕으로.

장(場)

이른 아침 아낙네들은 시들은 생활을
바구니 하나 가득 담아 이고……
업고 지고…… 안고 들고……
모여드오 자꾸 장에 모여드오.

가난한 생활을 골골이 벌여놓고
밀려가고 밀려오고……
제마다 생활을 외치오…… 싸우오.

왼 하루 올망졸망한 생활을
되질하고 저울질하고 자질하다가
날이 저물어 아낙네들이
쓴 생활과 바꾸어 또 이고 돌아가오.

소낙비

번개, 뇌성, 왁자지근 두드려
머언 도회지에 낙뢰가 있어만 싶다.

벼룻장 엎어논 하늘로
살 같은 비가 살처럼 쏟아진다.

손바닥만 한 나의 정원이
마음같이 흐린 호수 되기 일쑤다.

바람이 팽이처럼 돈다.
나무가 머리를 이루 잡지 못한다.

내 경건(敬虔)한 마음을 모셔드려
노아 때 하늘을 한 모금 마시다.

: 필사기록   년   월   일

비애(悲哀)

호젓한 세기의 달을 따라
알듯 모를 듯한 데로 거닐고자!

아닌 밤중에 튀기듯이
잠자리를 뛰쳐
끝없는 광야를 홀로 거니는
사람의 심사는 외로우려니

아— 이 젊은이는
피라밋처럼 슬프구나.

명상(瞑想)

가츨가츨한 머리칼은 오막살이 처마끝,
쉬파람에 콧마루가 서운한 양 간질키오.

들창 같은 눈은 가볍게 닫혀
이 밤에 연정은 어둠처럼 골골이 스며드오.

바다

실어다 뿌리는
바람처럼 시원타.

솔나무 가지마다 새침히
고개를 돌리어 삐들어지고,

밀치고
밀치운다.

이랑을 넘는 물결은
폭포처럼 피어오른다.

해변에 아이들이 모인다.
찰찰 손을 씻고 구보로.

바다는 자꾸 설워진다.
갈매기의 노래에……

돌아다 보고 돌아다 보고
돌아가는 오늘의 바다여!

: 필사기록   년   월   일

비로봉(毘盧峰)

만상(萬象)을
굽어보기란———

무릎이
오들오들 떨린다.

백화(白樺)
어려서 늙었다.

새가
나비가 된다.

정말 구름이
비가 된다.

옷자락이
춥다.

창(窓)

쉬는 시간마다
나는 창녘으로 갑니다.

──── 창은 산 가르침.

이글이글 불을 피워 주소.
이 방에 찬 것이 서립니다.

단풍잎 하나
맴도나 보니
아마도 자그마한 선풍(旋風)이 인 게외다.

그래도 싸늘한 유리창에
햇살이 쨍쨍한 무렵,
상학종(上學鐘)이 울어만 싶습니다.

반딧불

가자 가자 가자
숲으로 가자
달조각을 주우러
숲으로 가자

그믐밤 반딧불은
부서진 달조각

가자 가자 가자
숲으로 가자.
달조각을 주우러
숲으로 가자

산울림

까치가 울어서
산울림,
아무도 못 들은
산울림.

까치가 들었다,
산울림,
저 혼자 들었다,
산울림.

: 필사기록　　　년　　월　　일

거짓부리

똑, 똑, 똑,
문 좀 열어 주세요.
하룻밤 자고 갑시다.
밤은 깊고 날은 추운데
거 누굴까?
문 열어 주고 보니
검둥이의 꼬리가
거짓부리한걸.

꼬기요, 꼬기요,
달걀 낳았다.
간난아 어서 집어 가거라.
간난이 뛰어가 보니
달걀은 무슨 달걀,
고놈의 암탉이
대낮에 새빨간
거짓부리한걸.

비오는 밤

솨— 철석! 파도소리 문살에 부서져
잠 살포시 꿈이 흩어진다.

잠은 한낱 검은 고래떼처럼 살래어,
달랠 아무런 재주도 없다.

불을 밝혀 잠옷을 정성스레 여미는
삼경(三更).
염원.

동경의 땅 강남(江南)에 또 홍수질 것만 싶어,
바다의 향수보다 더 호젓해진다.

이적(異蹟)

밭에 터분한 것을 다 빼어 버리고
황혼이 호수 위로 걸어오듯이
나도 사뿐사뿐 걸어 보리이까?

내사 이 호숫가로
부르는 이 없이
불리어온 것은
참말 이적(異蹟)이외다.

오늘따라
연정(戀情), 자홀(自惚), 시기(猜忌), 이것들이
자꾸 금메달처럼 만져지는구려

하나, 내 모든 것을 여념(餘念) 없이
물결에 씻어 보내려니
당신은 호면(湖面)으로 나를 불러내소서.

사랑의 전당(殿堂)

순아 너는 내 전(殿)에 언제 들어왔던 것이냐?
내사 언제 네 전(殿)에 들어갔던 것이냐?

우리들의 전당은
고풍(古風)한 풍습이 어린 사랑의 전당
순아 암사슴처럼 수정눈을 내려감어라.
난 사자처럼 엉클린 머리를 고루련다.

우리들의 사랑은 한낱 벙어리였다.

성스런 촛대에 열(熱)한 불이 꺼지기 전
순아 너는 앞문으로 내달려라.

어둠과 바람이 우리 창에 부닥치기 전
나는 영원한 사랑을 안은 채
뒷문으로 멀리 사라지련다.

이제 네게는 삼림 속의 아늑한 호수가 있고
내게는 험준한 산맥이 있다.

아우의 인상화(印象畵)

붉은 이마에 싸늘한 달이 서리어
아우의 얼굴은 슬픈 그림이다.

발걸음을 멈추어
살그머니 앳된 손을 잡으며
"늬는 자라 무엇이 되려니"
"사람이 되지"
아우의 설운 진정코 설운 대답이다.

슬며시 잡았던 손을 놓고
아우의 얼굴을 다시 들여다본다.

싸늘한 달이 붉은 이마에 젖어
아우의 얼굴은 슬픈 그림이다.

코스모스

청초한 코스모스는
오직 하나인 나의 아가씨,

달빛이 싸늘히 추운 밤이면
옛 소녀가 못 견디게 그리워
코스모스 핀 정원으로 찾아간다.

코스모스는
귀또리 울음에도 수줍어지고,

코스모스 앞에 선 나는
어렸을 적처럼 부끄러워지나니,

내 마음은 코스모스의 마음이요
코스모스의 마음은 내 마음이다.

고추밭

시들은 잎새 속에서
고 빠알간 살을 드러내놓고,
고추는 방년(芳年)된 아가씬 양
땡볕에 자꾸 익어간다.

할머니는 바구니를 들고
밭머리에서 어정거리고
손가락 너어는 아이는
할머니 뒤만 따른다.

: 필사기록   년   월   일

햇빛·바람

손가락에 침 발라
쏘옥, 쏙, 쏙,
장에 가는 엄마 내다보려
문풍지를
쏘옥, 쏙, 쏙,

아침에 햇빛이 반짝.

손가락에 침발라
쏘옥, 쏙, 쏙,
장에 가신 엄마 돌아오나
문풍지를
쏘옥, 쏙, 쏙,

저녁에 바람이 솔솔.

애기의 새벽

우리 집에는
닭도 없단다.
다만
애기가 젖 달라 울어서
새벽이 된다.

우리 집에는
시계도 없단다.
다만
애기가 젖 달라 보채어
새벽이 된다.

해바라기 얼굴

누나의 얼굴은
해바라기 얼굴
해가 금방 뜨자
일터에 간다.

해바라기 얼굴은
누나의 얼굴
얼굴이 숙어들어
집으로 온다.

귀뚜라미와 나와

귀뚜라미와 나와
잔디밭에서 이야기했다.

귀뜰귀뜰
귀뜰귀뜰

아무에게도 알으켜주지 말고
우리 둘만 알자고 약속했다.

귀뜰귀뜰
귀뜰귀뜰

귀뚜라미와 나와
달 밝은 밤에 이야기했다.

산골물

괴로운 사람아 괴로운 사람아
옷자락 물결 속에서도
가슴속 깊이 돌돌 샘물이 흘러
이 밤을 더불어 말할 이 없도다.
거리의 소음과 노래부를 수 없도다.
그신듯이 냇가에 앉았으니
사랑과 일을 거리에 맡기고
가만히 가만히
바다로 가자,
바다로 가자.

팔복(八福)

———마태복음 5장 3~12

슬퍼하는 자는 복이 있나니
슬퍼하는 자는 복이 있나니
슬퍼하는 자는 복이 있나니
슬퍼하는 자는 복이 있나니
슬퍼하는 자는 복이 있나니
슬퍼하는 자는 복이 있나니
슬퍼하는 자는 복이 있나니
슬퍼하는 자는 복이 있나니

저희가 영원히 슬플 것이오.

간(肝)

바닷가 햇빛 바른 바위 위에
습한 간을 펴서 말리우자.

코카서스 산중에서 도망해 온 토끼처럼
둘러리를 빙빙 돌며 간을 지키자,

내가 오래 기르던 여윈 독수리야!
와서 뜯어 먹어라, 시름없이

너는 살찌고
나는 여위어야지, 그러나

거북이야!
다시는 용궁의 유혹에 안 떨어진다.

프로메테우스 불쌍한 프로메테우스
불 도적한 죄로 목에 맷돌을 달고
끝없이 침전하는 프로메테우스

참회록

파란 녹이 낀 구리거울 속에
내 얼굴이 남아 있는 것은
어느 왕조의 유물이기에
이다지도 욕될까.

나는 나의 참회의 글을 한 줄에 줄이자———
만 이십사 년 일 개월을
무슨 기쁨을 바라 살아왔던가.
내일이나 모레나 그 어느 즐거운 날에
나는 또 한 줄의 참회록을 써야 한다.
——— 그때 그 젊은 나이에
왜 그런 부끄런 고백을 했던가.
밤이면 밤마다 나의 거울을
손바닥으로 발바닥으로 닦아 보자.

그러면 어느 운석 밑으로 홀로 걸어가는
슬픈 사람의 뒷모양이
거울 속에 나타나 온다.

: 필사기록   년   월   일

사랑스런 추억(追憶)

봄이 오던 아침, 서울 어느 쪼그만 정거장에서
희망과 사랑처럼 기차를 기다려,

나는 플랫폼에 간신이 그림자를 떨어뜨리고,
담배를 피웠다.

내 그림자는 담배 연기 그림자를 날리고
비둘기 한 떼가 부끄러운 것도 없이
나래 속을 속, 속, 햇빛에 비춰 날았다.

기차는 아무 새로운 소식도 없이
나를 멀리 실어다주어,

봄은 다 가고— 동경 교외 어느 조용한 하숙방에서,
옛 거리에 남은 나를 희망과 사랑처럼 그리워한다.

오늘도 기차는 몇 번이나 무의미하게 지나가고
오늘도 나는 누구를 기다려 정거장 가차운 언덕에서 서성거릴 게다.

―― 아아 젊음은 오래 거기 남아 있거라.

흐르는 거리

으스럼히 안개가 흐른다. 거리가 흘러간다. 저 전차, 자동차, 모든 바퀴가 어디로 흘리워 가는 것일까? 정박할 아무 항구도 없이, 가련한 많은 사람들을 싣고서, 안개 속에 잠긴 거리는,

거리 모퉁이 붉은 포스트 상자를 붙잡고 섰을라면 모든 것이 흐르는 속에 어렴풋이 빛나는 가로등, 꺼지지 않는 것은 무슨 상징일까? 사랑하는 동무 박(朴)이여! 그리고 김(金)이여! 자네들은 지금 어디 있는가? 끝없이 안개가 흐르는데,

"새로운 날 아침 우리 다시 정답게 손목을 잡아보세"
몇 자 적어 포스트 속에 떨어뜨리고, 밤을 새워 기다리면 금휘장에 금단추를 삐었고 거인처럼 찬란히 나타나는 배달부, 아침과 함께 즐거운 내임(來臨),

이 밤을 하염없이 안개가 흐른다.

■ 김기태의 초판본 이야기

죽는 날까지 하늘을 우러러 한 점 부끄럼 없었던 시인, 윤동주

_ 윤동주 유고시집 / 하늘과 바람과 별과 시 / 정음사 / 1948년 01월 30일 발행

윤동주 시인의 생애와 초창기 작품 활동[1]

윤동주(尹東柱, 1917~1945)는 김소월(金素月, 1902~1934)과 함께 우리나라 사람들이 가장 좋아하고 사랑하는 시인이다. 고단한 식민지 상황에서도 문학을 통해 흔들림 없이 시대와 삶의 방향성을 모색하면서, 현실을 고민하고 자신을 성찰하는 시로써 한글문학의 새로운 지평을 열었다. 그로 인해 독립운동을 했다는 죄목으로 수감되어 온갖 고초를 겪다가 스물일곱 젊디젊은 나이에 세상을 떠나고 말았다. 그러나 그를 죽음으로 몰아넣었던 시편들은 오롯이 남아 부끄러움 없는 삶을 지향하는 많은 사람들의 가슴을 울리고 있다. 그 동안 이러저러한 발굴 과정을 거쳐 확인된 윤동주의 시와 산문 124편은 우리 한국인이 가장 사랑하고, 동아시아인이 기억하고, 세계인이 공감하는 작품으로 남아 있다. 그는 「서시(序詩)」를 비롯한 일련의 시작품을 통해 맑고 순수한 영혼이 우리 곁에 살다 갔음을 보여주었다. 그는 "모든 죽어가는 것들을 사랑"하면서 동시에 "나한테 주어진 길을 걸어가야겠다"고 다짐한다. 이처럼 자신을 끊임없이 성찰하며 신념의 길을 걷고자 했던 동주의 시는 이후에도 시대의 고비마다 청년들을 발전적으로 움직이게 하는 동력이 되었다.

윤동주는 1917년 12월 30일 북간도 명동촌에서 부친 윤영석(尹永錫, 1895~1965)과 모친 김용(金龍, 1891~1948) 슬하의 맏아들로 태어났다. 그의 집안은 19세기 말 북간도(北間島)로 이주했는데, 당시 북간도의 대표적인 한인 주거지였던 명동촌(明洞村)이 그가 태어난 곳이었다. 민족교육, 독립운동, 기독교 신앙생활을 지향하는 한인 공동체의 터전이었던 고향 마을에서 동주는 자연스럽게 한글과 한학(漢學)을 익히고 신앙심을 기르며 자라났다. 윤동주 일가는 1932년 용정(龍井)으로 이사하게 되는데, 이곳

---

[1] 윤동주 시인에 관한 사실 확인이 어렵거나 모호한 경우에는 [연세대학교 윤동주기념관] 홈페이지(https://yoondongju.yonsei.ac.kr/yoondongju_m/index.do) 게시 내용을 우선으로 선택함.

에서 만 열네 살에 송몽규(宋夢奎, 1917~1945), 문익환(文益煥, 1918~1994) 등과 함께 은진(恩眞)중학교[2)]에 입학한다. 그는 동기들과 교내 문예지를 만들고, 축구선수로 뛰었는가 하면, 교내 웅변대회에서 1등을 하는 등 매사에 적극적이고 활달한 소년이었다고 한다. 그러던 중 1934년 12월 24일 성탄절을 기다리며 다음과 같은 「초 한대」와 「삶과 죽음」, 「내일은 없다」 같은 시를 쓰게 되는데, 이것이 곧 윤동주의 최초 작품인 것으로 보인다. 그는 이때부터 작품과 창작날짜를 적은 시편을 창작 노트에 기록하기 시작했다. 열일곱 살 때의 일이다. (원문 그대로 옮김)

초 한대

초한대—
내방에 품긴 향내를 맛는다.

光明(광명)의 祭壇(제단)이 문허지기전.
나는 깨끗한 祭物(제물)을보앗다.

염소의 갈비뼈같은 그의몸.
그의生命(생명)인 心志(심지)까지
白玉(백옥)같은 눈물과피를 흘려.
불살려 버린다.

그리고도 책머리에 아롱거리며.
선녀처럼 초ㅅ불은 춤을 춘다.

매를 본 꿩이 도망가드시
暗黑(암흑)이 창구멍으로 도망한.
나의 방에품긴

祭物(제물)의 偉大(위대)한香(향)내를 맛보노라.

昭和九年十二月二十四日(소화 9년 12월 24일)

---

2) 은진중학교는 1920년 2월 캐나다 장로파 선교사 부두일(富斗一, W.R.Foote)이 중국 길림성 간도 용정에 설립한 기독교계 사립 중학교이자 민족계 교육기관이다. 수업 과목은 자연과학을 위주로 하면서 성경·영어·한문 등을 교수하였다. 1942년 제3국민고등학교로 명칭이 변경되었고, 광복 후인 1946년 2월 잠시 동안 은진중학교로 복귀하였으나, 같은 해 8월 인근 5개의 중학교와 통합하여 길림성립용정중학교가 되었다. [출처:한국민족문화대백과사전]

1935년 열여덟 살이 된 윤동주는 평양 숭실학교 3학년에 편입학한다. 이곳에는 고향 친구 문익환이 먼저 와있었다. 그해 숭실학교 교지《숭실활천(崇實活泉)》제15호에 시「공상(空想)」이 실림으로써 동주는 자신의 시가 처음 활자로 인쇄되어 나오는 특별한 경험을 하게 된다. 이듬해 숭실학교의 신사참배 문제(기독교 학교라서 신사참배를 거부한 것으로 보임)로 학내외가 소란스러워지는 바람에 윤동주는 평양에서 다시 용정으로 돌아간다. 이후 광명학교(光明學校)에 다니면서 가톨릭계 잡지《카톨릭소년》에 7편의 동시를 발표했고, 1937년 12월에 졸업한다.

이 시기 소년 윤동주는 정지용(鄭芝溶, 1902~1950), 백석(白石, 1912~1996)을 비롯한 여러 시인의 문학작품을 탐독하는 한편, 신문이나 잡지에 실린 작품과 평론을 스크랩하면서 시 창작에 몰두한 것으로 보인다. 용정 외가를 방문했던 동요시인 강소천(姜小泉, 1915~1963)을 만난 것도 이 무렵이다. 이 시기 습작노트는 두 권인데, 1934년부터 1937년까지 쓴 '나의 습작기의 시 아닌 시'와 1936년부터 1939년까지 쓴 '창'이 그것이다.

윤동주는 습작기부터 알아보기 쉬운 시어(詩語)로 창작하는 시 창작 방법을 모색했다. 이 시기 윤동주는 주로 고향마을의 자연과 주변 환경을 서정적이며 간결한 시어로 노래했다. 그리하여 바람, 나무, 길, 별 등 그의 주요한 시적 모티브들이 등장하게 된다. 1937년 3월에는《카톨릭소년》에 동시「무얼 먹고 사나」를 발표한다. 실제로는(습작노트에 따르면) 1936년 10월에 쓴 이 동시 전문(全文)을 보면 "바닷가 사람/물고기 잡아먹고 살고//산골에 사람/감자 구워 먹고 살고//별나라 사람/무얼 먹고 사나"라고 노래함으로써 별나라에 대한 순수한 동심을 담고 있다. 하지만 윤동주의 소년기는 중일전쟁과 2차 세계대전, 식민통치 강화 등 암담한 현실 속에 갇혀 있었다. 그래서일까, 그의 습작시에는 시대와 공동체에 대한 고민이 여실히 드러나 있다. 예컨대, 아우를 등장시킨 작품을 보면 이 같은 모습을 확인할 수 있다. 윤동주에게는 바로 아래 여동생 윤혜원(尹惠媛, 1924~2011)과 남동생 윤일주(尹一柱, 1927~1985·윤광주(尹光柱, 1933~1962)가 있었다.「아우의 인상화」라는 작품을 보면 "붉은 이마에 싸늘한 달이 서리어/아우의 얼굴은 슬픈 그림이다.//발걸음을 멈추어/살그머니 애띤 손을 잡으며/'너는 자라 무엇이 되려니'/'사람이 되지'/아우의 설운 진정코 설운 대답이다.//슬며―시 잡았던 손을 놓고/아우의 얼굴을 들여다본다.//싸늘한 달이 붉은 이마에 젖어/아우의 얼굴은 슬픈 그림이다."라고 읊음으로써 험난한 식민지 시기를 살아가야 할 천진한 아우의 얼굴을 들여다보는 형의 착잡한 심경이 잘 담겨 있다.

남쪽하늘 아래서의 생애와 작품활동, 그리고 별이 된 시인

시 「아우의 인상화」에서 볼 수 있듯이 윤동주의 습작노트에는 명랑한 동시만 있는 것이 아니었다. 역사적 현실과 시대의 아픔을 온몸으로 느끼며 성장하는 소년의 내적 갈등이 소용돌이치고 있었다. 「남쪽하늘」이나 「고향집」 같은 작품을 보면 두만강 남쪽에 있는 조국을 정신적 고향으로 삼았던 윤동주의 애달픈 마음이 잘 드러나 있다. 그렇다면 북간도에서 자란 윤동주에게 '남쪽'은 어떤 의미를 가진 공간이었을까. 그가 줄곧 남쪽하늘 아래 사는 동포들의 언어인 한글로 시를 썼다는 것은 또한 무엇을 뜻하는 것일까. 1938년 4월, 윤동주는 머나먼 남쪽하늘 아래 있는 경성 연희전문학교로 유학을 가게 된다. 그는 무엇을 위해 고향 용정으로부터 경성에 이르는 머나먼 여정을 선택한 것일까. 윤동주는 원래 우리말과 우리 것에 대한 애정이 남달랐고, 더 넓은 세계에 대한 호기심도 많은 소년이었다. 하지만 일제의 식민교육정책 속에서 올바른 지식과 문화를 온전히 배울 수 있는 곳이 별로 없었다. 윤동주는 이런 상황 속에서 비교적 자유로운 학풍으로 잘 알려진 연희전문학교에서 자신이 꿈꾸었던 문학과 학문을 본격적으로 일구고자 했을 것이다.

연희전문학교에 입학한 윤동주는 기숙사 '핀슨관'에서 생활했다. 고향에서 함께 진학한 사촌 송몽규와 새로 사귄 강처중이 그의 룸메이트였다. 나아가 윤동주가 연희전문학교에서 만난 사람들은 청년 윤동주의 모습을 짐작하게 하는 소중한 존재들이다. 강처중(姜處重, 1917~?), 김삼불(金三不, 1920~?), 유영(柳玲, 1917~2002), 장덕순(張德順, 1921~1996), 정병욱(鄭炳昱, 1922~1982) 등은 윤동주의 짧은 생애 중 가장 빛나는 시기였던 청년기에 관한 기억을 오늘에 전해준 고귀한 사람들이다. 이 시기 마침내 시심

(詩心)을 나눌 동료들을 만난 동주는 그해에 「새로운 길」을 비롯한 열세 편의 시, 그리고 여러 편의 산문을 발표하며 본격적인 창작활동을 펼치는 한편, 그는 전국에서 온 다양한 배경의 청년들과 교류하며 치열하게 고민하고 사회현실과 부딪치는 경험을 하게 된다. 아울러 이 시기 동주는 자신을 정면으로 들여다보며 삶의 방향성을 진지하게 고민한다.

또한, 연희전문에 재학하는 동안 만난 스승들 덕분에 윤동주의 작품세계는 더욱 깊고 풍부해졌다. 그는 최현배(崔鉉培, 1894~1970) 선생을 통해 체계적인 한글을 깨우치는 한편, 이양하(李敭河, 1904~1963) 선생에게서는 영문학을, 손진태(孫晉泰, 1900~?) 선생에게서는 민족과 세계역사를 배우게 된다. 그는 정인섭 선생으로부터 세계문학을 배우며 과제로 쓴 산문 「달을 쏘다」를 조선일보에 발표하기도 했다. 당시 배운 것을 즉시 자기 것으로 만들어내는 동주의 모습에 친구들은 놀라움을 금치 못했다고 한다. 그에게 강의실과 캠퍼스는 시창작의 산실이었던 것이다.

한편, 윤동주의 스크랩북과 소장도서를 보면, 그의 관심 분야는 매우 다양하여 동서양의 고전, 철학, 예술뿐 아니라 새롭게 등장한 각종 사상(思想)들에 대한 지적 호기심도 충만했음을 알 수 있다. 라이너 마리아 릴케(Rainer Maria Rilke, 1875~1926), 프란시스 잠(Francis Jammes, 1868~1938), 마르셀 프루스트(Marcel Proust, 1871~1922) 등의 작품을 비롯한 세계문학도 탐독했다. 그는 깊이 있는 독서와 토론을 통해 기른 사유(思惟)를 바탕으로 누구에게나 소통 가능한 쉽고 아름다운 시어로 작품을 쓰고자 고민했다. 실제로 윤동주는 1941년 6월 연희전문 문과대학 발행 잡지《문우(文友)》에 한글 작품 「새로운 길」과 「우물 속의 자상화(自像畵)」를 실었다. 당시 문우 회장이었던 강처중이 잡지의 편집 겸 발행인을 맡았고, 문예부장이었던 송몽규가 편집후기를 썼다. 출판 검열로 인해 잡지 전체가 일본어로 출판될 수밖에 없는 상황이었음에도 윤동주와 송몽규, 그리고 김삼불 등 3인은 한글 작품을 실었다고 한다. 그래서였을까, 이 잡지는 윤동주 등의 시가 실린 것을 마지막으로 종간(終刊)되고 만다.

윤동주는 1942년 2월 일본으로 건너가 10월까지 리쿄대학(立教大學) 문학부에서 영문학을 공부했다. 그는 당시 리쿄대 원고지에 시를 써서 강처중에게 편지로 보냈는데, 「쉽게 씌어진 시」를 포함한 5편의 시가 그가 남긴 마지막 작품이었다. 이 시편들에는 고향과 조선 땅을 떠나 제국의 수도에서 유학하게 된 식민지 청년의 자의식이 그가 거닐었던 이국의 거리와 하숙방을 배경으로 잘 묘사되어 있다. 작품을 보면 그는 당대에 시인으로 살아간다는 것은 무엇일까 질문하며 다가올 미래에 대한 비장한 각오를 다지고 있었다.

윤동주는 리쿄대학을 한 학기 만에 그만두고 교토(京都)로 옮겨가는데, 그 직전 여름방학에 잠시 고향마을에 들른다. 이때 각지에서 모인 또래 친지들과 함께 찍은 기념사진에 그의 인자한 미소가 잘 담겨 있다. 하지만 배와 기차를 여러 번 갈아타고 검문과 검열이 삼엄한 국경을 건너 고향에 도착한 그의 내면은 복잡했던 것으로 보인다. 전시체제 아래 머리를 짧게 잘라야 했던 동주는 식민지 말기 민족문화가 말살되어 가는 현실을 안타까워하며, 한글로 쓴 인쇄물이라면 무엇이든 모으라는 당부를 동생들에게 남겼다고 한다.

다시 일본으로 돌아온 윤동주는 1942년 도시샤대학(同志社大學) 영문과에 편입한다. 그는 당시 교토대학에 유학하고 있던 사촌 송몽규, 그리고 당숙 윤영춘(尹永春, 1912~1978) 등과 함께 우에노(上野) 공원, 비파호(琵琶湖) 등을 산책하며 국내외 정세와 독서에 관한 담소를 나누었다. 하지만 총력전 시기 일본에서의 상황도 악화되어 조선인에 대한 감시가 삼엄해졌고, 1943년 7월 결국 송몽규와 윤동주도 차례로 치안유지법 위반 혐의로 체포되면서 원고와 소지품 등을 압수당하고 말았다.

윤동주는 송몽규와 함께 교토지방재판소에서 독립운동 혐의로 2년형을 언도받고 후쿠오카(福岡) 형무소로 이송된다. 윤동주는 가족이 보내준 '영일대조 신약성서'와 함께 투옥의 시간을 견디고자 했고, 동생에게 보내는 엽서에는 "너의 귀뚜라미는 홀로 있는 내 감방에서도 울어준다. 고마운 일이다."라는 문구를 남기기도 했다. 하지만… 그는 형무소에서 여러 고초를 겪다가 1945년 2월 16일 해방을 미처 만나지 못하고 애통하게 옥사(獄死)하고 말았다. 그로부터 한 달이 채 못 되어 송몽규도 동주의 뒤를 따른다.

그리고 얼마 뒤, 달마다 반가이 배달되곤 했던 동주의 엽서 대신 가족들은 갑작스런 그의 사망 소식이 담긴 전보를 받게 된다. 부친과 당숙 윤영춘은 황망한 마음을 추스르며 신속하게 움직여 그의 시신을 수습했고, 그의 유해는 고향마을에 안장되었다. 학사모를 쓴 졸업사진은 끝내 장례식 영정사진이 되고 말았으며, 장례식에서는 그가 연희전문학교 문과대 잡지 《문우》에 실었던 시 두 편이 낭송되었다. 그해 6월, 윤동주의 묘소에는 '시인 윤동주지묘(詩人尹東柱之墓)'라고 새겨진 묘비가 세워짐으로써 비로소 '시인 윤동주'로 불리게 되었다.

유고시집 『하늘과 바람과 별과 시』의 최초본과 초판본
윤동주 생애 첫 번째이자 마지막 시집이 된 『하늘과 바람과 별과 시』는 원래 연희전문학교 졸업 기념으로 19편을 모아 내려고 했던 시집이다. 윤동주는 자선시집(自選詩集) 형식으로 77부를 출간하려고 했지만, 당시 한글 출판이 엄격하게 금지되어 있었기에 뜻을 이루지 못했다. 이에 윤동주는 자필로 시집 3부를 작성하여 한 부는 자신이 보관하고, 스승 이양하와 후배 정병욱에게 각 한 부씩 증정했다. 현재 남아 있는 단 한 부의 윤동주 자필 시집은 후배 정병욱에게 선사한 것이다.
윤동주의 시집은 시인이 낯선 타국에서 온갖 고초와 외로움 속에서 세상을 버린 후, 해방이 되고 나서도 3년여가 지나서야 겨우 출판될 수 있었다. 앞서 살핀 것처럼 윤동주는 작품을 쓸 때마다 창작한 날짜를 적어놓았다. 가장 빠른 시는 1934년 12월 24일에 지은 것으로 「초 한 대」등 3편이었고, 처음 공개된 시는 1935년 10월 숭실학교 《숭실활천》에 게재된 「공상」이다. 신문에 발표된 것으로는 1939년 1월 23일 조선일보 학생란에 실린 시 「유언(遺言)」이 처음이었고, 사후에 발표된 최초의 작품은 정지용의 소개로 1947년 2월 13일 경향신문 4면에 실린 「쉽게 씌어진 시」였다. 그리고 윤동주의 유고시집 『하늘과 바람과 별과 시』의 출간은 추모식에서 비롯되었다. 1947년 2월 16일 서울에서 열린 윤동주 2주기 추도 모임에 정지용, 안병욱, 이양하, 김삼불, 정병욱 등 30여 명이 모였다고 한다. 그 뒤 더 모임을 가져, 정병욱이 보관한 유고(遺稿) 19편에 연희전문 동기생 강처중이 보관한 것에서 12편을 골라 모두 31편을 추렸다. 1948년 1월 윤동주의 가족과 지인 들은 그의 유고 31편에 정지용의 서문(序文), 유영의 추모시(追慕詩)와 강처중의 발문(跋文)을 더해 유고시집 『하늘과 바람과 별과 시』를 간행했다. 서문을 쓴 정지용은 윤동주의 정신적 스승으로 당시 경향신문 주필(主筆)이었고, 추모시를 쓴 유영은 동주와 연희전문을 함께 다닌 문우(文友)이자 시인이었으며, 발문을 쓴 강처중은 동주의 절친인 동시에 당시 경향신문 기자였다. 동생 윤일주가 작품 선별과 편집을 맡았고, 정음사 편집자로 있었던 이정(李靚, 1924~1995) 화백이 표지와 본문 디자인을 맡았다. 살아서 끝내 이루어지지 못했던 청년 윤동주의 소망은 이렇게 살아남은 사람들의 노력으로 실현되었던 것이다.

그런데 이처럼 윤동주의 사후에나마 온전한 유고시집이 나올 수 있었던 것은 위험을 무릅쓰고 원고를 지켜낸 사람이 있었기 때문이다. 단 한 부만 남아 있는 윤동주의 자필시집 『하늘과 바람과 별과 시』는 그의 문학적 동반자이자 이후 고전문학자로 이름을 알리게 되는 정병욱, 그리고 그의 가족들이 일제의 단속과 검열을 피해 전남 광양 고향집에 숨겨 지켜낸 것이었다. 그리고 해방 이후 이 원고를 귀하게 여긴 이들이 시집을 출판함으로써 널리 알려지게 되었다. 하마터면 「서시」와 「별 헤는 밤」 등 우리 문학사의 상징과도 같은 작품들이 영원히 사라질 뻔했다니 아찔한 일이 아닐 수 없다.

1955년에는 윤동주의 시를 사랑하는 이들이 그의 10주기를 기념하여 89편의 시와 4편의 산문을 엮어 증보판을 펴낸다. 정병욱의 자문으로 동생 윤일주가 편집을 맡았고, 표지는 김환기(金煥基, 1913~1974) 화백이 그렸다. 1967년에는 파랑 빛의 또 다른 표지를 달고 새로운 『하늘과 바람과 별과 시』가 출간된다. 박두진(朴斗鎭, 1916~1998), 백철(白鐵, 1908~1985), 문익환, 장덕순 등 시인, 평론가, 지인 등이 윤동주와 그의 시에 관한 회고와 평론을 보탰으며, 정병욱이 후기를 썼다. 이 시집은 당대 청년들에게 시대적 양심에 대한 고민을 던져주었다. 그리고 이듬해 연세대 학생들의 주도로 최초의 윤동주 시비(詩碑)가 핀슨관 앞에 세워졌다. 이 시비는 동생 윤일주가 설계했고 윤동주가 친필로 쓴 「서시」를 확대하여 새겨 넣었다.

윤혜원은 용정에서 초등학교 교사로 근무하다 1948년에 결혼했는데, 그해 12월에 월남하면서 용정의 고향집에 남아 있던 윤동주의 육필원고와 노트 3권, 스

크랩북, 사진 등을 모두 챙겨 왔다고 한다. 윤동주의 첫 유고시집 『하늘과 바람과 별과 시』 1948년 초판에는 31편이 실렸을 뿐인데, 1955년 증보판에서는 그 수가 3배인 93편으로 늘어났고, 1976년 3판에서는 116편이 됐다. 이처럼 증보를 거칠수록 윤동주의 작품을 더 많이 실을 수 있었던 것은 누이동생 윤혜원이 1948년 해방공간을 가로지르는 험난한 여정 속에서도 고향집으로부터 윤동주의 중학시절 원고를 서울로 가져온 덕분이었다.

또, 1996년 12월에는 중국 연변대학출판사에서 『윤동주유고집』이라는 제목으로 출판되기도 했다. 이 책에는 발행에 참여한 이들(최문식·김동훈 편/책임편집 김경훈/표지설계 김승현)의 이름이 정확하게 나타나 있으며, 한글에 이어 중국어로도 표기되어 있어 조선족뿐만 아니라 중국인들도 윤동주에 대한 관심이 매우 높다는 사실을 잘 알 수 있다. 한편, 처음에 초판본이라고 해서 구입한 책의 표지가 나중에 초판본이라고 소개된 책의 표지와 달라서 순간 덜컹했던 적이 있다. 잘못 산 게 아닐까 싶었기 때문이다. 표지 사진을 보면 하나는 거친 질감이 느껴지는 갈색 바탕에 시집 제목과 시인 이름이 인쇄된 별도의 흰 종이를 붙여 놓은 것인 반면에, 또 하나는 판화 그림과 글씨가 새겨진 것이라서 어떤 것이 진짜 초판본인지 의구심이 들었다. 표지만 다를 뿐 같은 내용인 데다 같은 날짜에 나

온 시집이라니…….
그런데 이런 의문은 다음과 같은 기사를 발견하고 금세 풀렸다. 오히려 전화위복이 되었다고나 할까. 내가 가진 것이 초판본으로 알려진 것보다 더 앞서 만들어진 것이었다니 놀라웠다.

윤동주 유고 시집 '하늘과…' 최초본 있었다.

고 최영해 정음사 대표 아들 첫 공개
"1948년 3주기 추도식때 10권 헌정… 한달뒤 정식 초판본 1000부 제작"

윤동주 시인의 유고 시집인 '하늘과 바람과 별과 시' 최초본이 27일 공개됐다. 최초본은 1948년 2월 16일 윤 시인의 3주기 추도식에 헌정하기 위해 급히 낸 것이다.
당시 시집은 외솔 최현배 선생의 아들인 최영해 정음사 대표(1914~1981)가 펴냈다. 최 대표의 장남 최동식 고려대 화학과 명예교수(71)는 이날 "윤 시인의 3주기 추도식에 맞춰 시집을 출간하려 했으나 준비가 부족해 일단 동대문에서 구한 벽지로 겉표지를 만들어 시집 10권을 급히 제본했다고 부친에게 들었다"며 "최초본 10권은 추도식 참석자들이 나눠 가졌고 정식 출판된 초판본은 한 달 정도 뒤에 나온 것으로 안다"고 말했다.
최초본은 1000부 가량 제작된 초판본과 표지만 다를 뿐 본문은 똑같다. 최 교수는 아버지의 탄생 100주년을 맞아 그동안 보관해온 시집을 공개했다.

_박훈상 기자 [동아일보(업데이트 2014년 10월 28일 07시 56분)]

위의 기사와 함께 공개된 것이 바로 갈색 바탕의 표지로 만들어진 『하늘과 바람과 별과 시』였다. 기사 내용이 사실이라면 당시 10부가 만들어졌으니 현재 남아 있는 것은 더 적을 것이라는 추정이 가능하다. 그렇다면 갈색 표지의 윤동주 유고시집은 매우 귀한 책, 즉 극희귀본(極稀貴本)이라는 말이 된다. 따라서 여기서는 위 기사의 표현을 따서 갈색 표지 판본은 '최초본'으로, 판화 표지 판본은 '초판본'으로 부르기로 하겠다.

윤동주 유고시집 『하늘과 바람과 별과 시』 최초본과 초판본의 이모저모
최초본 『하늘과 바람과 별과 시』 표지는 딱딱한 재질이지만 일반 양장제

책과는 달리 두꺼운 종이를 여러 장 덧댄 합지(合紙)가 아니라 표지 용지로 사용하기에는 거친 재질의 종이, 즉 특수 벽지(壁紙)로 보인다. 이것을 표지 크기로 잘라 한지(韓紙) 계열의 부드러운 면지(面紙)를 붙임으로써 같은 지질(紙質)의 본문과 연결하여 표지로 삼았음을 확인할 수 있다. 그리고 직접 인쇄하기가 어려웠던 탓에 별도의 얇은 흰색 종이에 3행에 걸쳐 [윤동주 유고집 / 하늘과 바람과 별과 시 / 정음사]라는 글씨를 인쇄하여 상단에 붙여 놓았다. 여기서 시인의 작품 성향과 더불어 출판사 특유의 한글 사랑 정신을 엿볼 수 있거니와, 당시로서는 드물게 가로쓰기를 단행하고 있다는 점이다. 이 시집을 펴낸 정음사가 연희전문학교 시절 윤동주의 스승이었던 한글학자 외솔 최현배 선생이 설립한 곳이었다는 사실이 다시 한 번 실감나는 순간이었다.

 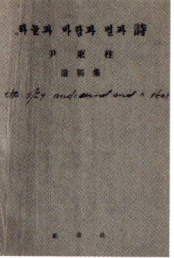

표지를 넘기면 면지가 겉표지에 붙어 있고 곧바로 속표지가 나타난다. 겉표지와는 달리 속표지에는 시집 제목이 맨 위에 인쇄되어 있고 그 아래 시인의 이름이 나오고, 그 다음으로 영문 제목 'the sky and wind and a star'가 새겨져 있으며, 하단에 출판사 이름이 있다.

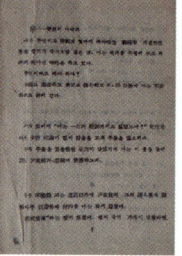 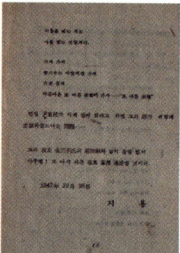

속표지를 넘기면 다음과 같이 "序(서)—랄것이 아니라"로 시작하는 정지용의 서문이 나온다. 윤동주의 인간됨이 고스란하기에 전문(全文)을 여기에 옮긴다. [( ) 안의 한글 이외 모두 원문 그대로 옮김.]

> 序(서)―랄 것이 아니라
> 내가 무엇이고 精誠(정성)껏 몇 마디 써야만할 義務(의무)를 가졌건만 붓을 잡기가 죽기보담 싫은 날, 나는 천의를 뒤집어쓰고 차라리 病(병) 아닌 呻吟(신음)을 하고 있다.
> 무엇이라고 써야 하나?
> 才操(재조)도 蕩盡(탕진)하고 勇氣(용기)도 喪失(상실)하고 8.15 以後(이후)

에 나는 不當(부당)하게도 늙어 간다.
누가 있어서 "너는 一片(일편)의 精誠(정성)까지도 잃었느냐?" 叱咤(질타)한다면 少許(소허) 抗論(항론)이 없이 앉음을 고쳐 무릎을 꿇으리라.
아직 무릎을 꿇을만한 氣力(기력)이 남았기에 나는 이 붓을 들어 詩人(시인) 尹東柱(윤동주)의 遺稿(유고)에 焚香(분향)하노라.

겨우 30餘編(여편) 되는 遺詩以外(유시 이외)에 尹東柱(윤동주)의 그의 詩人(시인)됨에 關(관)한 아무 目證(목증)한 바 材料(재료)를 나는 갖지 않았다.
"虎死留皮(호사유피)"라는 말이 있겠다. 범이 죽어 가죽이 남았다면 그의 虎吻(호문)을 鑑定(감정)하여 "壽男(수남)"이라고 하랴? "福童(복동)"이라고 하랴? 범이란 범이 모조리 이름이 없었던 것이다.
내가 詩人(시인) 尹東柱(윤동주)를 몰랐기로소니 尹東柱(윤동주)의 詩(시)가 바로 "詩(시)"고 보면 그만 아니냐?
虎皮(호피)는 마침내 虎皮(호피)에 지나지 못하고 말을것이나, 그의 "詩(시)"로써 그의 "詩人(시인)"됨을 알기는 어렵지 않은 일이다.
‥‥
나도 모를 아픔을 오래 참다 처음으로 이곳에 찾아왔다. 그러나 나의 늙은 의사는 젊은이의 病(병)을 모른다. 나한테는 病(병)이 없다고 한다. 이 지나친 試鍊(시련), 이 지나친 疲勞(피로), 나는 성내서는 안된다.
　　　　　　　　　　　　　_그의 遺詩(유시) "病院(병원)"의 一節(1절).

그의 다음 동생 一柱君(일주 군)과 나의 問答(문답)——
"형님이 살았으면 몇 살인고?"
"설흔 한 살입니다"
"죽기는 스물 아홉에요—"
"間島(간도)에는 언제 가셨던고?"
"할아버지 때요"
"지내시기는 어떠했던고?"
"할아버지가 開拓(개척)하여 小地主程度(소지주 정도)였습니다"
"아버지는 무얼 하시노?"
"장사도 하시고 會社(회사)에도 다니시고 했지요"

"아아, 間島(간도)에 詩(시)와 哀愁(애수)와 같은것이 醱酵(발효)하기 비롯한.

...
봄이 오면
罪(죄)를 짓고
눈이
밝어

이브가 解産(해산)하는 수고를 다하면

無花果(무화과) 잎사귀로 부끄런데를 가리고

나는 이마에 땀을 흘려야겠다.—

―"또 太初(태초)의 아침"의 一節(1절)

다시 一柱君(일주 군)과 나의 問答(문답)――
"延專(연전)을 마치고 同志社(동지사)에 가기는 몇 살이었던고?"
"스물 여섯 적입니다"
"무슨 戀愛(연애)같은 것이나 있었나?"
"하도 말이 없어서 모릅니다"
"술은?"
"먹는 것 못 보았습니다"
"담배는?"
"집에 와서는 어른들 때문에 피우는 것 못 보았습니다"
"吝嗇(인색)하진 않았나?"
"누가 달라면 冊(책)이나 샤쓰나 거저 줍데다"
"工夫(공부)는?"
"冊(책)을 보다가도 집에서나 남이 願(원)하면 時間(시간)까지도 아까지 않읍데다"
"心術(심술)은?"
"順(순)하디 順(순)하였습니다"
"몸은?"
"中學(중학)때 蹴球選手(축구선수)였습니다"
"主策(주책)은?"
"남이 하자는대로 하다가도 함부로 속을 주지는 않읍데다"

...

코카사쓰 山中(산중)에서 도망해온 토끼처럼
둘러리를 빙빙 돌며 肝(간)을 지키자

내가 오래 기르는 여윈 독수리야!
와서 뜯어먹어라, 시름없이

너는 살찌고
나는 여위어야지, 그러나

_"肝(간)"의 一節(1절)

노자(老子) 오천언(五千言)에
"虛基心(허기심) 實基腹(실기복) 弱基志(약기지) 强基骨(강기골)"이라는 句(구)가 있다.
靑年(청년) 尹東柱(윤동주)는 意志(의지)가 弱(약)하였을 것이다. 그렇기에 抒情詩(서정시)에 優秀(우수)한 것이겠고, 그러나 뼈가 强(강)하였던 것이리라, 그렇기에 日賊(일적)에게 살을 내던지고 뼈를 차지한것이 아니었던가?
무시무시한 孤獨(고독)에서 죽었구나! 29歲(세)가 되도록 詩(시)도 發表(발표)하여 본적도 없이!
日帝時代(일제시대)에 날뛰던 附日文士(부일문사)놈들의 글이 다시 보아침을 배앝을 것 뿐이나, 無名(무명) 尹東柱(윤동주)가 부끄럽지 않고 슬프고 아름답기 限(한)이 없는 詩(시)를 남기지 않았나?
詩(시)와 詩人(시인)은 원래 이러한 것이다.
...

幸福(행복)한 예수·그리스도에게
처럼
十字架(십자가)가 許諾(허락)된다면

모가지를 드리우고
꽃처럼 피어나는 피를
어두워가는 하늘 밑에
조용히 흘리겠습니다—

_"十字架(십자가)"의 一節(1절)

日帝憲兵(일제헌병)은 冬(동)섣달에도 꽃과 같은, 어름 아래 다시 한마리 잉어와 같은 朝鮮(조선) 靑年詩人(청년시인)을 죽이고 제나라를 亡(망)치었다.

뼈가 强(강)한 罪(죄)로 죽은 尹東柱(윤동주)의 白骨(백골)은 이제 故土(고토) 間島(간도)에 누워 있다.

...
故鄕(고향)에 돌아온 날 밤에
내 白骨(백골)이 따라와 한방에 누웠다.

어둔 房(방)은 宇宙(우주)로 通(통)하고
하늘에선가 소리처럼 바람이 불어온다.

어둠속에 곱게 風化作用(풍화작용)하는
白骨(백골)을 드려다 보며
눈물 짓는것이 내가 우는 것이냐
白骨(백골)이 우는 것이냐
아름다운 魂(혼)이 우는 것이냐

志操(지조) 높은 개는
밤을 새워 어둠을 짖는다.
어둠을 짖는 개는
나를 쫓는 것일게다.

가자 가자
쫓기우는 사람처럼 가자
백골 몰래
아름다운 또 다른 故鄕(고향)에 가자—

_"또 다른 고향"

만일 尹東柱(윤동주)가 이제 살아 있다고 하면 그의 詩(시)가 어떻게 進展(진전)하겠느냐는 問題(문제)——

그의 친우(親友) 金三不氏(김삼불 씨)의 追悼辭(추도사)와 같이 틀림 없이 아무렴! 또다시 다른 길로 奮然(분연) 邁進(매진)할 것이다.

1947年(년) 12月(월) 28日(일)
지용

정지용의 서문 다음에 두 쪽에 걸쳐 차례가 나온다. 「서시」를 필두로 첫 번째 장 '하늘과 바람과 별과 시'에 「자화상」을 비롯한 18편이, 두 번째 장 '흰 그림자'에 5편, 세 번째 장 '밤'에 7편이 실려 있다. 『하늘과 바람과 별과 시』 최초본 '차례'에 나와 있는 31편의 작품 제목을 살펴보면 다음과 같다. [( ) 안의 한글 이외 모두 원문 그대로 옮김.]

- 序詩(서시)
- 自畵像(자화상)
- 少年(소년)
- 눈 오는 地圖(지도)
- 돌아와 보는 밤
- 病院(병원)
- 새로운 길
- 看板(간판) 없는 거리
- 太初(태초)의 아츰
- 또 太初(태초)의 아츰
- 새벽이 올때 까지
- 무서운 時間(시간)
- 十字架((십자가)
- 바람이 불어
- 슬픈 族屬(족속)
- 눈 감고 간다
- 또 다른 故鄕(고향)

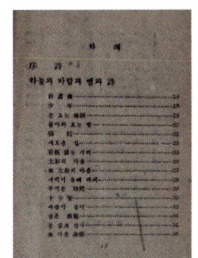
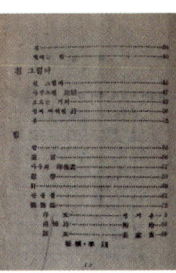

- 길
- 별헤는 밤
- 흰 그림자
- 사랑스런 追憶(추억)
- 흐르는 거리
- 쉽게 씨워진 詩(시)
- 봄
- 발
- 遺言(유언)
- 아우의 印像畵(인상화)
- 慰勞(위로)
- 肝(간)
- 산골물
- 懺悔錄(참회록)

그런데 차례 맨 끝에 보면 '장정(裝幀)·이정(李靚)'이라는 문구가 있다. 하지만 이 책 최초본의 표지는 장정으로서의 아무런 디자인이 없다. 이로써 원래 이정 화백이 판화를 바탕으로 장정한 표지의 초판본 이전에 급하게 최초본 10부를 만들었다는 증언이 확인된다고 하겠다. 즉, 본문은 이러저러하게 인쇄할 수 있었는데 표지 용지를 구하지 못해 완전한 초판본을 윤동주 3주기 추도식에 맞추어 펴낼 수 없게 되자 급하게 갈색 벽지를 구해다가 10부 제작한 것이 바로 최초본이었던 것이다.

차례가 끝나고 나면 시집 제목만 인쇄된 속표지가 한 번 더 나오고, 그 뒤에 "죽는 날까지 하늘을 우르러/한점 부끄럼이 없기를,/잎새에 이는 바람에도/나는 괴로워했다."로 시작하는, 그 유명한 「서시」가 실려 있다. 시의 말미에는 '1941년 11월 20일'에 이 시가 쓰였음을 나타내고 있다.

그 뒤를 이어 1939년 9월에 창작된 「자화상」이 실려 있다. 나머지는 차례의 순서와 같다. 맨 마지막에는 1924년에 창작된 것으로 표기되어 있는 「참회록」이 실려 있고, 그 뒤를 이어 유영 시인의 추모시가 「창밖에 있거든 두다리―동주 몽규 두 영을 부른다」는 제목을 달고 실려 있다. 그리고 본문의 마지막 순서로 강처중의 '발문'이 나온다.

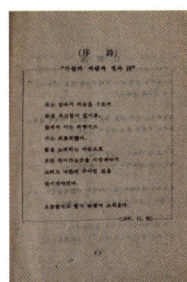

끝으로, 차례에서도 확인했듯이 본문에 이어 나오는 간기면을 보면 최초본 역시 초판본과 다른 것이 없다. 인지(印紙)까지 붙어 있는 것으로 보아 본문 인쇄작업은 모두 끝나 있었던 것으로 보이며, 책값은 당시 화폐단위로 '100원'이었음을 확인할 수 있다. 인쇄일은 1948년 1월 20일, 발행일은 1월 30일로 표기되어 있다. 발행처인 정음사의 당시 주소는 '서울시 회현동 1가 3-2'로 나타나 있으며, 발행인의 이름은 보이지 않는다. 그런데 아마도 이 시집을 소장하고 있었던 곳인 듯 간기면 하단에 '소피아서점'이라는 인장이 선명하게 찍혀 있다. 소피아서점은 김영태 시인이 "충무로에/소피아라는 서점이 있다/무대의 분장을 지우지 않은 듯한/부인이 앉아있다/아무도 이 건물 3층에서 소문도 없이/독일원서만을 취급하고 있는지 모

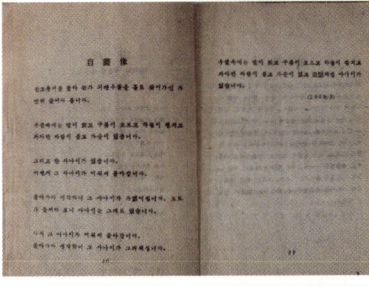

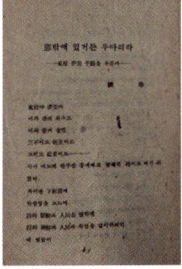 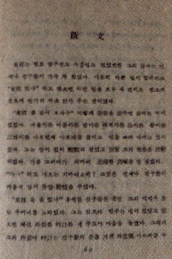

른다"고 읊었던 서점으로, 1957년 충무로(명동)에 문을 열었던 그곳이 아닐까 싶다. 나중에 충정로 어느 빌딩으로 자리를 옮겼다는데, 현재 서점이 어디 있는지 그 자취는 알 길이 없다.

동아시아 전체가 사랑하는 우리 시인, 윤동주

윤동주는 일제강점기 엄혹한 탄압 속에서도 모든 시를 한글로만 쓴 시인이었다. 그는 자신의 습작노트에서 자선시집에 이르기까지 모든 시를 한글로 썼다. 「서시」만 해도 제목을 제외한 시 작품 전체가 한글로 이루어져

있다. 그는 반만년 역사의 장엄한 서사시나 다름없는 우리 문화공동체가 외압에 의해 강제로 사라져 가는 현실을 안타깝게 여겼으며, 특히 한글로 시를 쓰는 문학적 실천을 통해 일상어 그 이상의 예술언어로서의 한글을 유지하고 지켜내고자 애썼던, 투철한 민족의식을 가진 청년이었다.

또한, 윤동주는 우리 역사에서 암흑기라고 할 수 있는 시기에 「서시」, 「별 헤는 밤」 같은 소명의식과 신념이 가득 담긴 작품을 남김으로써 우리 문학사에 한 줄기 빛을 비추어 주었다. 세상이 병든 시대에 타인의 아픔에 공감하고 위로하는 「병원」을 썼는가 하면, 어둠 속에서 빛을 상징하는 「십자가」와 「태초의 아침」, 「팔복」 같은 작품을 통해 신앙적으로 성숙해 가는 자신을 다독였다. 「자화상」과 「참회록」에서는 끊임없이 자기를 성찰하며 처연한 다짐을 통해 저항의 힘을 잃지 않으려고 애쓰곤 했다.

나아가 윤동주는 우리나라뿐만 아니라 중국과 일본에서도 사랑받는 특별한 시인이다. 그는 동아시아 근현대사의 소용돌이 속에 북간도 지역으로 이주한 조선인의 후손으로서 정신적 지향점이었던 남쪽 한반도를 고향으로 그리워하며 성장하다가 학업을 위해 점차 남쪽으로 삶의 터전을 옮겨갔다. 그가 머문 지역은 현재 중국, 한국, 일본에 걸쳐 넓게 분포해 있으며, 그 모든 곳에는 그를 기리는 시비(詩碑)가 세워졌다. 추모제도 여기저기서 해마다 열리고 있다. 한 문학청년의 생애와 고결한 시편들은 이를 사랑하는 사람들을 통해 시나브로 고통과 전운(戰雲)이 사라진 동아시아의 기억과 화해를 위한 징검다리가 되고 있는지도 모르겠다. 이제 이 글을 마무리하면서 가장 가까운 벗이었던 강처중의 발문을 다시 읽어본다. 정지용의 서문이 아우 윤일주의 입을 빌려 윤동주를 그리워한 것이라면, 강처중의 발문은 오롯이 서로가 삶을 공유하며 느꼈던 소박한 마음을 담아내고 있어 더욱 애틋하다

윤동주 시인이 더욱 그리운 날이다.

***
우리 민족시인 윤동주 시인과의 동행이 끝났습니다.
따라쓰기 여정을 마무리하면서 느낀 점이나 윤동주 시인에게 하고 싶은 말을 뒷면에 나오는 엽서에 편지로 써보세요. 윤동주 시인과 마음을 합친 아름다운 인연이 오래도록 당신을 기분 좋게 해주는 행복한 기억으로 남아 있기 바랍니다.

아래의 엽서에 편지를 작성한 다음 촬영한 이미지 파일을
이메일(fbi2024@naver.com)로 보내주시면
초판본 · 창간호 전문서점 및 출판사 [처음책방] 공식 블로그에 게시하고,
책방지기가 고른 책 한 권을 보내드리겠습니다.